LES GRECS.

ÉPÎTRE

AU

GRAND-TURC,

Par BARTHELEMY,

AUTEUR DES ADIEUX A SIDI-MAHMOUD, etc. etc.

> Que le tigre Ibrahim, dans ses hideuses fêtes,
> Pour la table des rois sale cinq mille têtes...!
> Méry, *Épître à Villèle.*

PARIS,
TOUS LES MARCHANDS DE NOUVEAUTÉS.

—

1826.

LES GRECS.

Les Ouvrages ci-après de MM. BARTHELEMY *et* MÉRY *se trouvent chez* PONTHIEU, *Libraire, PalaisRoyal, Galerie de bois:*

ÉPÎTRE A M. LE COMTE DE VILLÈLE, par Méry;

SIDIENNES, Épître-Satire, par Barthélemy et Méry;

LES JÉSUITES, Épître au Président Séguier, par Barthélemy et Méry.

IMPRIMERIE D'A. BÉRAUD,
RUE DU FOIN SAINT-JACQUES, N° 9.

LES GRECS.

ÉPÎTRE

AU

GRAND-TURC,

Par BARTHELEMY,

AUTEUR DES ADIEUX A SIDI-MAHMOUD, etc. etc.

> Que le tigre Ibrahim, dans ses hideuses fêtes,
> Pour la table des rois sale cinq mille têtes...!
> Méry, *Épître à Villèle.*

PARIS,
TOUS LES MARCHANDS DE NOUVEAUTÉS.

—

1826.

LES GRECS.

ÉPÎTRE AU GRAND-TURC.

Depuis que ta justice a proscrit les Hellènes,
J'ignore si jamais des alarmes soudaines
A travers le sérail ont percé jusqu'à toi ;
Si jamais, dans Stamboul immobile d'effroi,[1]
Par tes pieux Imans la foule convoquée
A saisi l'étendard dans la haute mosquée,
Et si, d'un grand danger ton saint peuple averti
A hurlé de frayeur à l'aspect du Muphti.

Ecoute, fils d'Omar: si ce fatal présage
Attristait, de nouveau, ton gracieux visage,
Ecarte l'opium qui te tient endormi,
Et détourne, un instant, tes yeux clos à demi,
Vers ce carton poli qu'aggrandit la pensée,
Où des Etats chrétiens la figure est tracée.

Jamais, en moins de temps, l'invisible courroux
Ne porta sur les Rois de plus rapides coups;
Un pouvoir inconnu, dans la tombe éternelle,
Comme pour un Congrès tour-à-tour les appelle;
Le morne catafalque épouvante les Cours;
Un spectre menaçant, drapé de noir velours,
Près de ses grands vassaux fait sa ronde sinistre;
Partout, le Télégraphe, impassible ministre,
Signale, de ses bras constamment agités,
Des Rois qui ne sont plus, ou des Rois alités. [2]

Suis ces légers contours, que ton doigt se promène
Sur ces traits déliés qui marquent leur domaine!

Contemple au sein des flots cet angle irrégulier,
Des troubles de l'Europe éternel atelier ;
Là, sans doute, on verrait plus d'un noble insulaire
Dévouer à la Grèce un fer auxiliaire ;
Mais, le cri du départ est encore éloigné,
Canning prescrit le port à Cochrane indigné :
D'un élan généreux il étouffe les flammes,
Et l'égoïsme anglais gouverne dans Saint-James.

Au palais des Césars, Metternick absolu
Captive dans sa main l'empire irrésolu :
Quand de ses doigts nerveux la subtile science
Tressa le nœud serré de la Sainte-Alliance,
Dans ce pacte de Rois, peut-être, il te comprit ;
Du moins, tu pus savoir combien il s'attendrit
En ce jour où la Grèce, héroïque amazone,
Parut en suppliante au congrès de Vérone.

Nicolas, menacé de poignards assassins,
Fait, par ses cavaliers, sabrer ses fantassins ;

D'un immense héritage imprévu légataire,
Sous le trône il soupçonne un effrayant mystère,
Et frissonne du sang qu'il voit autour de lui ;
Sans ses Prétoriens, où serait son appui ?
Tandis que, chaque jour, la gazette infidèle
Du passage du Pruth hasarde la nouvelle,
Dans les glaces du nord il sommeille, engourdi.

Mais un plus grand danger couve dans le midi ;
Et le Roi catholique, échauffé d'un beau zèle,
Peut, d'une guerre sainte, embrasser la querelle :
Tu ris, noble Sultan, et, par un quiproquo
Tu confonds quelquefois l'Espagne et Monaco ;
Ses moresques exploits n'ont rien qui t'épouvante ;
Que te fait Charles-Quint triomphant à Lépante,
Quand tu vois Ferdinand courbé sous un tribut,
Au Potentat d'Alger rendre un humble salut ?
Depuis qu'au Nouvau-Monde une engeance rebelle
De sa vieille nourrice a brisé la tutèle,
Le trésor est réduit à des maravédis,

Les piastres de Lima n'entrent plus dans Cadix.
En vain, pour ajourner son auguste faillite,
Le monarque en détresse a recours à Lafitte ;
En vain l'avons-nous vu, comprimant son orgueil,
Des banquiers circoncis importuner le seuil,
Et, montrant à l'usure un leurre chimérique,
Offrir d'hypothéquer ses états d'Amérique ;
Toutefois, au milieu des tourmens de la faim,
Il nourrit largement de sa royale main
Des troupeaux du Seigneur la famille indigène ;
Au ratelier du peuple ils s'engraissent sans gêne,
Et, sous le froc épais qui leur sert de toison,
Ils bêlent pour leur Prince une ardente oraison.
Désormais, que l'Etat ou triomphe ou périsse,
Qu'importe ! il a pour lui leur dévote milice,
De leur béatitude il goûte la douceur,
Et perd gaîment son trône aux pieds d'un confesseur.
Content de promulguer d'impuissantes cédules,
Il triomphe ; et, pareil à ces Rois ridicules
Qu'on va voir dans leur loge à travers des barreaux,

Grossièrement drapés de sales oripeaux,
Agiter un vain sceptre en des mains enchaînées,
Et d'un trône idéal régler les destinées ;
Lui, gravement assis au fond de son palais,
Fait des plans de campagne et des traités de paix,
De Cortèz contumax peuple les Gémonies,
Nomme des gouverneurs, régit ses colonies,
Et, souverain titré de royaumes perdus,
Comme d'Hermopolis, il règne *in partibus.*

Pour la France, crois-moi, c'est ta vieille alliée ;
Chez nos tièdes chrétiens l'époque est oubliée,
Où d'Europe en Asie on a vu voyageant
Le riche Paladin et Gauthier-sans-argent ; [3]
Nos Princes ont perdu la sépulchromanie :
Avant que du Très-Haut la puissance infinie
Dans leurs cœurs refroidis rallume ce brazier,
Sous le froc de Mont-Rouge on verra Montlozier ;
Les Députés huileux de nos Bouches-du-Rhône [4]
Pour leur rare éloquence auront une couronne :

Du nom de philanthrope on dotera Canning,
Et Villèle aux rentiers rendra deux parts sur cinq.

Je l'avoûrai pourtant, à l'aspect de ton glaive
Un long cri de pitié de temps en temps s'élève ;
L'Orient nous attache à ses nouveaux débris ;
On transforme en héros Marcos et Canaris ;
La France a répété les hymnes de Messène ;
L'ombre d'un Roi de Sparte a paru sur la scène ; ⁵
Des esclaves guerriers que proscrivent tes lois,
Le peuple dit les noms ainsi que les exploits ;
Bien plus, pour étaler une grande infortune,
Lainé, Chateaubriant tonnent à la tribune
En faveur des proscrits prisonniers dans leurs murs ;
De pauvres citoyens, philanthropes obscurs,
Entourant la vertu des mystères du crime,
Adressent au courage un bienfait anonyme.....
Eh ! que peut contre toi ce complot clandestin ?
L'Etat muet et sourd laisse agir le destin ;
Si quelques défenseurs se lèvent pour la Grèce,

D'autres bras bien plus forts s'arment pour ta Hautesse;
Leur zèle généreux t'offre un secours puissant :
Dans les mers d'Ionie où pâlit le Croissant,
L'escadre jésuitique arrive à pleine voile ;
L'*Observateur* d'Autriche, et les turcs de *L'Etoile*,
Leur gazette à la main, t'enrôlent des soldats ;
Politiques pieux, honnêtes apostats,
Ils laissent, sans remords, le Croyant fanatique
Effacer de la terre un peuple schismatique,
Bénissent Ibrahim du sang chrétien couvert,
Et, la croix sous les pieds, baisent le turban vert.
Pour dresser tes soldats au métier de la guerre
On a vu des Français s'armer du cimeterre,
Et, déguisant leurs traits à l'aide du turban,
Sur un Caftan d'honneur coudre leur vieux ruban.
Ils sont dans ton conseil : c'est aujourd'hui, peut-être,
Que leurs mains, pour les tiens, pétrissent le salpêtre,
Et que Missolonghi, vainement défendu,[6]
Tombe sous le canon que la France a fondu!
D'autres, sur un vaisseau de leur honte complice,

Entassent des vaincus qu'épargna l'avarice,
Et, dans tous les bazars ouverts à tes sequins,
Ils colportent des blancs à défaut d'Africains.
Ainsi, la Grèce, un jour, étrange destinée !
Parmi les nations remplaçant la Guinée,
Vendra sa race esclave au nouveau Président ; [7]
La loi prête sa force au nègre indépendant,
Tout un peuple d'Europe, enviant la peau noire,
Appelle à son secours Wilberforce ou Grégoire,
Et, de son suzerain Saint-Domingue affranchi,
A vu par un Décret son mulâtre blanchi.

Bénis donc, à jamais, mon heureuse patrie,
Prodigue de son sang et de son industrie :
Rends un égal hommage à nos bons Députés ;
De soucis belliqueux ils sont peu tourmentés ;
Les martyrs d'Orient, mourant dans les supplices,
Ne troublent point la paix de leurs saints exercices.
Le grand pardon de Rome, en France descendu,
Occupe dans Paris tout un peuple assidu ;

Et des nouveaux Jonas la voix impérative
Subjugue, cette fois, la rebelle Ninive :
C'est peu qu'aux marguilliers descendus de leurs bancs,
Au Suisse gigantesque affublé de rubans,
Se joignent, à la file, au milieu de nos rues,
Les dévots d'habitude et les jeunes recrues ;
D'un spectacle plus beau mon œil est attendri :
Pareils aux Flagellans du troisième Henri, [8]
Les courtisans du jour courent à la piscine ;
Et, le corps macéré sous la sainte houssine,
Ces vieux fils de Mammon, par la grâce touchés,
Aux parfums de l'encens boucanent leurs péchés ;
Tandis que, l'œil ardent, à la suite des vierges,
Les Séraphins goutteux, marchent armés de cierges ;
Des corps cicatrisés, d'illustres vétérans,
Humblement confondus au milieu de leurs rangs,
Poussent, à chaque pas, des cris expiatoires,
Et demandent à Dieu pardon de leurs victoires.
Par ces exemples saints, les Princes de l'Etat
En dévot oratoire ont changé le Sénat ;

Le Député distrait, sur sa chaise curule,
Marmonne son rosaire ou commente la Bulle ;
Il ne voit d'orateurs que Fayet ou Guyon :
Si le ciel l'a fait humble et sans ambition,
S'il n'est pas revêtu d'un éclatant office,
Au sortir de la chambre, il court à Saint-Sulpice
Avec les roturiers qu'on admet dans ce lieu,
Entendre à petits frais la parole de Dieu.
Mais s'il est possesseur de haultes Seigneuries,
Si ses panneaux luisans sont chargés d'armoiries,
Si son casque est orné d'un double lambrequin ;
Dans le cercle choisi de Saint Thomas-d'Aquin
Il entre, il se pavane, en dévot gentilhomme
Il sourit à la voix du préposé de Rome,
Et déclare, en sortant, en dépit des railleurs,
Qu'un chrétien comme il faut ne peut entrer ailleurs.

Voilà ceux que le peuple a fait ses mandataires:
Marchandée avec fruit par nos sept ministères,
Cette tourbe bénigne, attentive à leur voix,

Demande la clôture, opine et fait des lois.
Des deux cotés rivaux la résistance est vaine :
Ainsi roule un grand fleuve où sa pente l'entraîne ;
En vain, sur les deux bords, des courans latéraux
Marchent en sens contraire à la masse des eaux.
Les plus lourds conducteurs qui gouvernent la France,
C......., F.........., patrons de l'ignorance,
Font marcher en sifflant ce complaisant bétail ;
Va, si tu veux jamais réformer au Sérail
Ces dociles agens qui parlent par le geste,
Notre Centre, à coup sûr, t'en fournira de reste ;
Mais que dis je ? imprudent ! ai-je oublié sitôt
Qu'un muet ombrageux s'irrite d'un seul mot ?
Qu'au faubourg Saint-Marceau la moderne Bastille
Laisse entrevoir Cardon à travers une grille ; [9]
Et que Salaberry, bâtonnier de son corps,
Pour venger son honneur, appelle des recors ?

Puisque l'auteur qui parle est traduit à la barre,
Respectons le Sénat ; notre Divan bizarre

Est bien digne à son tour d'égayer tes loisirs,
Et je puis, sans danger, évoquer nos Visirs :

Depuis cinq ans entiers l'impassible Villèle
Cimente sur le roc sa fortune éternelle ;
Monarque sous Louis, sous Charles il règne encor ;
Aux genoux de Rotschild il baise le veau d'or,
Et, malgré les siffleurs, Chalabre de la rente, [10]
Il *taille* l'agio comme un *trente et quarante.*

Chabrol armé d'un sceptre en trident façonné,
De l'Etat qu'il gouverne est lui-même étonné ;
Aux tours de son palais en vain le Sémaphore [11]
Marque les mouvemens des flottes du Bosphore,
De ces obscurs détails il dédaigne le soin,
Son télescope étroit ne porte pas si loin ;
Des travaux du chantier le fracas l'importune,
Le roulis de la mer trouble notre Neptune,
Et dans notre marine il admire, surtout,
La coquille à vapeur qui descend à Saint-Cloud.

Pour signaler son règne et torturer le code,
Le *savant* Peyronnet se présente au synode ; [42]
Au trône domestique il destine l'aîné ;
Dans son maigre apanage aujourd'hui confiné,
Le cadet de famille aux novateurs agraires
Demande vainement le partage des terres ;
La loi, pour le punir d'être venu trop tard,
Légitime son frère et le traite en bâtard. [43]

L'honnête Delavau, d'une main paternelle,
Caresse ses enfans suppôts de la Tournelle ;
Il veut sauver leur âme, et dans leur corps gâté,
Vacciner la morale avec la probité ;
Ah ! si la voix publique est digne de croyance ;
Si ce visir, rigide envers sa conscience,
S'accuse avec effroi d'un péché véniel,
Comment peut-il mêler, sans offenser le ciel,
Aux devoirs du chrétien sa triste politique
Et l'argot de Vidoc au langage mystique ? [44]

Peut-il favoriser, par un affreux plaisir,
L'enfantement du crime, afin de le saisir?
Peut-il, d'un bras hardi, sans scrupule et sans honte,
Fouiller dans les secrets des égoûts d'Amathonte,
Et dans ce puits fétide où le hardi Verneuil [15]
Descendit pour écrire un cynique recueil?
Qu'il cède à P........ cette inique caverne;
J'aimerais à le voir dans ce rang subalterne!
L'écharpe de l'Édile irait à son côté!
Je sais bien, qu'à bon droit, son savoir est vanté
Que de mille vertus son caractère brille;
Qu'il pousse au dernier point l'amour pour sa famille;
Que de ses vêtemens calculant chaque pli,
Dans l'art de la toilette il efface Sully;
Mais, de ses premiers ans l'époque un peu profane
Lui dut de la police ouvrir le grand arcane;
Il doit à son fleuret le glaive de Thémis;
Dans de larges festins, ses turbulens amis
Chantèrent mille fois ses prouesses bachiques;
Bordeaux répète encor ses exploits monarchiques;

Et ce grand magistrat suivrait mieux son destin,
S'il avait à régir *la salle Saint-Martin*. [46]

Que le père F....... est bien mieux à sa place !
Laissant à D....... l'obscure populace,
L'assermenté Jésuite à l'occulte sénat
Transmet, par bulletins, les secrets de l'Etat ;
Tantôt, pour éclaircir un soupçon politique,
Il asseoit ses agens au foyer domestique,
Ou, dans la malle-poste arrêtée en chemin,
Glisse, au mépris des lois, une furtive main.
L'œil fixé sur l'index que Rome nous adresse,
Le sbire ultramontain incrimine la presse ;
Charles, devenu Roi, vainement l'affranchit ;
Un pouvoir plus puissant, devant qui tout fléchit,
Etouffe la pensée au moment de paraître ;
Sans l'espoir d'exister, elle a le droit de naître ;
Le bâillon à la main, un argus aposté,
Au sortir de la presse, attend la vérité ;
Le pâle typographe, en son laboratoire,

Ne rêve que sellette et que réquisitoire ;
Du louche inquisiteur le regard l'interdit ;
L'auteur désespéré d'un chef-d'œuvre inédit
Vainement au courage exhorte son libraire :
Des attentats d'autrui l'éditeur solidaire
Lui montre la boutique où la foudre tomba,
Et repousse l'écrit en songeant à Barba. [47]

SALEM.

Voilà comment l Europe et la France chrétienne
Mêlent leur politique au succès de la tienne ;
J'ai traduit à tes yeux, dans ces vers délateurs,
Nos ministres du jour et nos législateurs ;
Puis, donc, que par nos mains ta fortune est poussée,
D'une crainte futile affranchis ta pensée ;
Consomme, par le fer aux flammes réuni,
A la face du monde, un triomphe impuni ;
De l'Hellespont désert ressuscite les flottes ;
Et, le fouët à la main, poursuivant tes Ilotes,

Dans le code nouveau que les Rois ont dicté,
Consacre en traits de sang la légitimité.
Qu'importe qu'en mourant, chaque Grec qui succombe
Des tiens tombés par foule élève une hécatombe?
Tes États sont féconds, dans ce grand réservoir
Tu peux, sans le tarir, amplement te pourvoir;
Accorde, chaque année, à leur glaive funeste
L'inutile tribut qu'eût dévoré la peste;
Use de tes sujets, mais ne compromets pas
Ta personne sacrée au hazard des combats;
Par tes Mardonius poursuis tes destinées. [48]
Pour charmer les ennuis de tes longues journées,
Solitaire, invisible aux regards des Croyans,
De ton léger kiosque aux panneaux verdoyans, [49]
Suis des yeux, à travers l'étroite jalousie,
Le flot qui part d'Europe et qui fuit en Asie;
Ou bien, sur un sopha que la Perse a construit,
Par l'effet de ton souffle en un tube introduit,
Consume lentement la feuille opiacée,
Que pour son doux Seigneur cueille Laodicée. [20]

De l'aloës, de l'ambre, aspire les parfums ;
Loin de toi, de nos Cours les soucis importuns !
Du reste des humains que ce lien te sépare !
Seulement, quand, parfois, un messager tartare
Du camp de Mohammed arrivé dans la nuit,
D'un combat glorieux vient devancer le bruit,
Si ce fidèle esclave annonce, en témoignage,
Qu'une barque attachée à l'anneau du rivage,
T'apporte des vaincus qu'Ibrahim t'immola :
Descends, viens les compter, en bénissant Allah;
Par tes beaux Icoglans, en passant, outragées,
De créneaux en créneaux que leurs têtes rangées,
Pour les yeux des Chrétiens hideux épouvantail,
D'un parfum de cadavre embaument ton sérail ! [24]

FIN DE L'ÉPÎTRE.

NOTES.

1 Si jamais dans Stamboul, immobile d'effroi,

Stamboul; c'est le nom que les Turcs donnent à Constantinople.

2 Des Rois qui ne sont plus, ou des Rois alités.

Rois décédés depuis peu de temps : George III, Louis XVIII, Pie VII, les rois de Bavière, de Naples, de Portugal, Alexandre Ier et Jean VI.

Rois habituellement malades : l'empereur d'Autriche, les rois de la Grande-Bretagne, d'Espagne, Sa Sainteté Léon XII, etc.

3 Le riche Paladin et Gauthier sans argent.

Vers la fin du onzième siècle, plus de 80,000 Croisés partirent pour la Terre-Sainte, sous la conduite de l'ermite Pierre; l'avant-garde commandée par Gauthier, dit *Sans Argent.*

4 Les députés huileux de nos Bouches-du-Rhône,

On sait que les députés de ce département n'ont encore pris la parole à la chambre, que lorsqu'il s'est agi de l'impôt sur les huiles.

5 L'ombre d'un roi de Sparte a paru sur la scène.

La tragédie de Léonidas doit le succès qu'elle a obtenu, autant à son mérite littéraire qu'à l'intérêt puissant que lui donnent les circonstances. On se souvient, avec attendrissement, de l'effet que produisit, sur le parterre, la vue du jeune Canaris, placé dans la loge de Mgr. le duc d'Orléans, et pleurant sur les héros antiques qui lui rappelaient si bien ses immortels compatriotes.

6 Tombe sous le canon que la France a fondu.

Ces vers étaient écrits, lorsqu'on a reçu la désolante nouvelle qui a plongé la France et Paris dans la consternation.

7 Vendra sa race esclave au nouveau président ;

Boyer, président d'Haïti.

8 Pareil aux *Flagellans* du troisième Henry ;

Les flagellans étaient une secte de fanatiques, qui se disciplinaient et se flagellaient publiquement, en expiation de leurs péchés ; ils se réunissaient en troupe d'hommes et de femmes, parcourant, nus jusqu'à la ceinture, les villes et les campagnes, et modulant les coups de fouët dont ils se déchiraient, sur les airs des cantiques qu'ils chantaient

Cette secte reparut sous Henri III; ce prince qui alliait la plus minutieuse dévotion à la plus monstrueuse impudicité, se donnait lui même en spectacle dans les rues de Paris, confondu, dans les processions de ces misérables, avec les principaux seigneurs de sa cour, et ses méprisables favoris.

9 Qu'au faubourg Saint-Marceau la moderne Bastille
   Laisse entrevoir Cardon à travers une grille;

François-Michel Cardon, éditeur responsable du *Journal du Commerce*, condamné, par la chambre des députés, à un mois de prison et à 100 fr. d'amende, comme coupable d'offenses envers la chambre.

Bien que MM. Salaberry et Chifflet eussent déclaré que l'offense partait de trop bas pour les atteindre, néanmoins, de la hauteur où ils se trouvaient placés, ils ont poursuivi avec acharnement le journaliste, pour plainte portée par eux, devant eux, pour un délit commis contre eux, pour être jugé par eux.

10 Et malgré les siffleurs, Chalabre de la rente,

M. le comte de Chalabre, croupier en chef des jeux de Paris, peut certainement être comparé à M. le comte de Villèle; les salons de l'hôtel Rivoli ressemblent beaucoup à ceux de la rue Grange-Batelière; les maîtres de ces salons spéculent, avec un égal succès, sur ces deux subdivisions de joueurs qui appartiennent à la même espèce.

11 Aux tours de son palais en vain le Sémaphore

Sémaphore; télégraphe de mer ; on dit que ce mot dérive de *sema*, signe, et de *phero*, je porte.

12 Le *savant* Peyronnet se présente au synode;

Si quelques-uns de nos lecteurs sont étonnés de l'épithète donnée à M. de Peyronnet, qu'ils lisent le discours de M. de Chateaubriand à la chambre des pairs : « Le *savant* magistrat auquel j'ai l'honneur de répondre, etc.

13 Légitime son frère et le traite en bâtard.

Le droit d'aînesse ayant été rejeté, j'ai cru un instant qu'il était de mon devoir de supprimer ces vers, par respect pour une grande infortune ministérielle ; mais ensuite j'ai été moins scrupuleux dans mon respect pour le malheur, en voyant reparaître, à la tribune des députés, M. de Peyronnet, radieux comme un vainqueur, tenant dans sa main les débris de sa loi mutilée.

14 Et l'argot de Vidoc..............

Vidoc est aussi un personnage célèbre de notre époque ; c'est le chef de la police de sûreté ou de surveillance de la ville de Paris.

15 Et dans ce puits fétide où le hardi Verneuil,

Fournier-Verneuil; son ouvrage sur Paris, rempli des plus

hideuses vérités, est aujourd'hui poursuivi devant les tribunaux.

16 Et ce grand magistrat suivrait mieux son destin,
S'il avait à régir *la salle Saint-Martin.*

La salle St.-Martin est une salle de dépôt de la préfecture de police.

17 Et repousse l'écrit en songeant à Barba.

Le malheur de M. Barba, privé de son état et de son brevet de libraire, a excité vivement l'intérêt du public, et porté la terreur chez tous ses collégues.

18 Par tes Mardonius poursuis tes destinées.

Mardonius, généralissime des armées de Xercès.

19 De ton léger kiosque aux panneaux verdoyans,

Constantinople est de forme triangulaire; le sérail est bâti à l'un des angles, d'où il jouit de la vue de la côte de l'Asie-Mineure, coup-d'œil qui n'a point d'égal dans le monde.

Nous n'entendons pas, par le sérail, les appartemens où sont confinées les femmes du Grand-Seigneur, comme on se l'imagine communément; mais toute l'enceinte du palais ottoman, qui égale, en étendue, une ville médiocre. Le mur qui environne le sérail a trente pieds de hauteur, avec des créneaux, des embrasures et des tours, dans le style des anciennes fortifications.

Le kiosque, ou pavillon du Sultan, est à l'extrémité de la pointe du sérail; on le distingue de loin à la persienne verte, à travers de laquelle sa Hautesse peut contempler ses domaines d'Europe et d'Asie.

20 ....la feuille opiacée
Que pour son doux Seigneur cueille Laodicée.

Laodicée, aujourd'hui Latakié ou Ladikié, ville commerçante, dont le port passe pour le meilleur de la Syrie. Le tabac qu'on fume au sérail, vient de Ladikié.

21 D'un parfum de cadavre embaume ton sérail!

Il ne faut pas disputer sur les étranges goûts des Souverains. Le pape Sixte-Quint se plaisait à assister aux exécutions; Charles-Quint témoignait le plus grand respect, à la vue d'une potence. C'est l'empereur Vitellius qui a dit le premier : *le corps d'un ennemi mort ne sent jamais mauvais;* notre Charles IX a répété les mêmes paroles, à l'aspect du cadavre de l'amiral Coligni.

FIN.

IMPRIMERIE D'A. BÉRAUD.

www.ingramcontent.com/pod-product-compliance
Lightning Source LLC
Chambersburg PA
CBHW060538050426
42451CB00011B/1777